TYPOGRAPHIE

EDMOND MONNOYER

AU MANS (Sarthe)

LES
ASSOCIATIONS DU TRAVAIL
EN FRANCE ET À L'ÉTRANGER,

PAR

M. TH. VILLARD,

PRÉSIDENT DE LA SOCIÉTÉ CENTRALE DU TRAVAIL PROFESSIONNEL.

21 AOÛT 1889.

PARIS.
IMPRIMERIE NATIONALE.

M DCCC XC.

LES

ASSOCIATIONS DU TRAVAIL

EN FRANCE ET À L'ÉTRANGER.

CONFÉRENCES
DE L'EXPOSITION UNIVERSELLE INTERNATIONALE DE 1889.

LES
ASSOCIATIONS DU TRAVAIL
EN FRANCE ET À L'ÉTRANGER,

PAR

M. TH. VILLARD,

PRÉSIDENT DE LA SOCIÉTÉ CENTRALE DU TRAVAIL PROFESSIONNEL.

21 AOÛT 1889.

PARIS.

IMPRIMERIE NATIONALE.

M DCCC XC.

LES
ASSOCIATIONS DU TRAVAIL
EN FRANCE ET À L'ÉTRANGER.

Si peu autorisé que je puisse me sentir de traiter devant vous, Messieurs, le sujet assigné à notre causerie d'aujourd'hui, je l'aborde avec la confiance d'une profonde conviction dans l'intérêt que présente à notre époque la question des associations du travail.

Quand il me fut demandé de m'inscrire parmi les conférenciers de notre grande Exposition, je me suis dit que, puisque les circonstances et mon goût personnel m'avaient entraîné vers l'étude du développement des associations du travail, je ne pouvais choisir un sujet qui méritât autant de trouver sa place parmi ceux qui doivent être traités dans nos réunions internationales.

En cette matière comme en quelques autres, nous avons été devancés par d'autres nations; mais le rôle de la France est de perfectionner et de vulgariser quand elle n'improvise pas, et si nous avons tardé dans cette voie des associations du travail, j'ai le ferme espoir que notre société française, fidèle à sa destinée, saura, par le soin, par la méthode qu'elle y apportera, donner aux associations du travail des bases solides et sûres dont profiteront même ceux qui nous ont devancés.

Je ne vous ferai ici, Messieurs, ni l'historique ni l'apologie des associations : l'homme, à ses origines, a vite compris que, seul, il est à peu près impuissant, et qu'en unissant ses efforts à ceux de ses voisins, de ses frères, il peut tout entreprendre.

L'association a revêtu, dans les siècles qui nous ont précédés,

diverses formes et, comme le veut la logique humaine, ses efforts ont été orientés vers le profit des membres qui en faisaient
partie.

Or, en remontant dans le passé, nous trouvons l'association ré-
duite à très peu de membres, ayant tous plus ou moins comme
but de s'assurer une certaine suprématie sur les autres. De là sont
nées les castes qui, dans l'ordre religieux comme dans l'ordre politique ou social, résument l'histoire ancienne des associations.

Chaque progrès nouveau de l'humanité a été marqué par l'ex-
tension des associations et par la participation à leur profit d'un
plus grand nombre d'individus. Ce caractère de l'association est si
vrai, qu'un des effets, bien inattendus, de la Révolution dont nous
célébrons le centenaire, a été de proscrire les associations, d'en
refuser le droit commun, pour faire cesser cette sorte d'aristocratie
qui, du petit au grand, régissait les sociétés du passé.

La loi du 17 juin 1791, qui supprima les maîtrises et jurandes,
interdit aussi, par crainte de voir renaître les corporations oppres-
sives du passé, toute revendication professionnelle fondée sur des
intérêts communs, toute manifestation faite en leur nom. Bien que
cette prohibition fût sanctionnée des peines les plus graves, d'assez
nombreux syndicats de patrons et plusieurs sociétés ouvrières
eurent, pendant la première moitié de ce siècle, une existence de
fait que M. Nadaud tenta vainement, en 1849, de rendre légale;
mais c'est en 1864 seulement que l'Empire, pour donner quelques
gages au monde du travail fit, par la loi du 25 mai, abolir le délit
de coalition puni par le Code, qui n'était pourtant que l'usage de
la liberté la plus respectable : celle de travailler.

Malgré cette loi, nous ressentons encore si profondément les
effets de notre passé aristocratique que, de nos jours même, on
n'ose proclamer la liberté de toutes les associations par crainte
d'en voir surgir ou se développer de contraires à notre esprit moderne.

En un mot, la liberté d'association n'existe pas en France, puisqu'elle est encore limitée par certaines exigences et certaines règles qui sont pour beaucoup d'entre elles une véritable entrave, alors que cette liberté de l'association est ou devra être la base de toutes les libertés, la base de la seule organisation vraiment démocratique à laquelle nous puissions aspirer.

Je voudrais vous donner un exemple de ces sujétions autocratiques des associations du passé. Je l'emprunte au xviiie siècle. La corporation de la confection du vêtement, celle des tailleurs, excluait toute intervention de la femme dans la confection des costumes féminins, et c'est d'une ordonnance de 1754 seulement que date la faculté pour les femmes en France de travailler au costume des dames, et encore cette licence est-elle limitée aux vêtements du dessous, les tailleurs se réservant le costume de dessus à l'exclusion de tous autres.

De cet exemple si bizarre qu'il soit, mais topique ce semble, vous pouvez déduire toutes les exceptions, tous les privilèges dont les associations, même ouvrières, voulaient se prévaloir aux dépens de la liberté.

Certes, nous sommes loin aujourd'hui de cet état de choses; mais, pour s'être agrandi, le champ des exceptions est resté encore très ouvert et personne ne méconnaîtra que les associations du travail sont singulièrement plus difficiles à constituer aujourd'hui que les associations du capital, qui jouissent fort heureusement depuis quelques années, et au profit de notre prospérité nationale, de presque toutes les libertés.

Cette comparaison m'amène dans le cœur même de notre sujet, à savoir : l'opposition, pour ne pas dire l'antagonisme, des intérêts, qui semble naître à chaque intervention de ces deux éléments nécessaires de la production : le capital et le travail.

C'est la grande querelle qui agite cette fin de siècle entre deux ferments ne pouvant guère se passer l'un de l'autre.

Traiter cette question ici nous entraînerait fort loin. Au surplus sa solution doit se commander puisqu'elle est nécessaire; puisque le capital ne peut produire sans le travail. A ce titre, le travail peut se considérer comme plus indépendant; mais, comme son but est aussi le capital, on ne saurait porter atteinte à l'un sans nuire à l'autre.

Au surplus, comme je le disais tout à l'heure, le capital a su obtenir le droit d'association, grâce auquel s'accomplissent toutes les grandes œuvres de notre époque, et en France ce même droit est restreint pour le travail.

Mais la question ainsi posée, si compliquée qu'elle soit encore, apparaît assez simple, car si le but des associations du travail n'avait été que la protection de ses intérêts vis-à-vis le capital, la solution serait vraisemblablement en France, comme elle l'est en d'autres pays, singulièrement plus avancée.

En France, c'est par la lutte qu'on a commencé, et je pourrais presque dire que l'on poursuit, l'œuvre de la réorganisation sociale.

La guerre a-t-elle été allumée et entretenue par les résistances du capital à abandonner la moindre de ses prérogatives ou bien par l'impatience des représentants du travail, désireux non seulement d'atteindre le but, mais même de le dépasser? Le fait est que la tendance à l'affranchissement du travail, qu'on a appelée le socialisme, est devenue aujourd'hui une sorte d'épouvantail, et dans le monde où l'on ne réfléchit guère à ces questions, c'est-à-dire dans la très grande majorité des esprits, le mot « socialiste » est devenu presque l'équivalent de communiste, de révolutionnaire, etc., alors qu'en réalité la tendance dont je parle se devrait plus simplement appeler la question sociale, c'est-à-dire celle qui doit dominer toutes les autres.

Car si l'humanité s'agite, dans l'ordre politique comme dans tout autre, ce n'est exclusivement que pour améliorer les conditions de son existence.

Autrefois, c'est une petite minorité qui pouvait se prévaloir de ses droits au bien-être. Pour la masse tenue en dépendance par l'absence d'instruction, par une infériorité soigneusement entretenue, choyée même par les privilégiés, son bien-être était, à très peu près, assimilable à celui que la Société protectrice des animaux réserve à ses protégés.

Aujourd'hui, malgré le souci des privilégiés de la naissance ou de l'intelligence de sauvegarder, sinon d'augmenter leurs prérogatives, la masse du peuple des travailleurs est devenue majeure. Elle intervient par le suffrage universel aux décisions qui règlent les destinées de tous, et elle veut être écoutée au même titre que les autres. On aura beau fermer les oreilles ou chercher à étouffer sa voix, ce que la société lui contestera de droit légitime au bien-être commun, elle le saura bien prendre.

Le problème se pose donc nettement :

Ou la question de notre réorganisation sociale se résoudra par une étude sérieuse, par une méthode équitable avec le concours de tous les intéressés;

Ou elle se dénouera par la force et le désordre.

C'est ce dilemme ainsi posé qu'il faut envisager, sans perdre de vue que, pour assurer la première solution, il faut s'en occuper non seulement au nom de la sécurité de tous, mais aussi au nom de tous les intérêts des privilégiés ou des autres. L'instruction dont la France s'est dotée depuis dix-huit ans ne peut et ne doit avoir de plus grand résultat.

Je viens de parler de la question sociale en France. Il importe, ce semble, de voir par quelles phases elle est passée chez les peuples les plus voisins de nous par leur situation géographique et par leurs mœurs, et c'est dans les institutions des associations du travail que nous devons trouver l'enseignement que nous cherchons [1].

______

[1] Consulter à cet égard :

Lavollée : *Les Classes ouvrières en Europe;* A. Villard : *Le Socialisme moderne; son dernier état;* Hipp. Passy : *Histoire du travail;* divers articles parus dans l'*Économiste français,* le *Journal des économistes,* etc.

Commençons par :

L'ANGLETERRE.

Les associations ou unions de métiers : *Trade's Unions*, remontent à la fin du xviii siècle. Leur situation légale est celle-ci :

Toute association faite entre ouvriers ou patrons pour soutenir les intérêts communs de ses membres, même par la grève, pourvu qu'elle ne soit pas accompagnée de violences, est licite. Ce privilège n'est pas concédé aux seuls ouvriers ; c'est la loi commune de l'Angleterre. Une loi avait été faite à la fin du siècle dernier qui enlevait ce droit d'association aux seules unions d'ouvriers : elle a été abrogée en 1824.

De plus, ces sociétés peuvent former une personne morale, à condition de faire enregistrer leurs statuts par un fonctionnaire spécial, le *registrar*. La seule obligation imposée aux associés est de faire connaître chaque année au *registrar* le nombre de leurs membres et le chiffre de leur capital. Celui-ci dresse du tout un rapport présenté chaque année au Parlement.

La justice n'a pas à intervenir dans les débats intérieurs entre associés.

Une loi de 1871, modifiée en 1876, prévoit et punit les cas de violence et de pression que les unionistes peuvent exercer soit sur leurs camarades non adhérents, soit sur ceux qui voudraient se retirer contre la volonté de la majorité.

Les unions ne sont pas toutes semblables : les unes ne comprennent que les ouvriers d'une même ville ; d'autres sont provinciales ou nationales. Certaines ont même des branches à l'étranger, sur le continent, et jusqu'en Amérique ou en Australie.

Il y a aussi les unions de patrons, qui se sont fondées soit pour balancer l'influence des unions d'ouvriers, soit pour régler la production et les prix.

Quelle est l'organisation des unions anglaises? Les petites se gouvernent directement; les membres, étant peu nombreux et proches, se réunissent périodiquement. Quant aux grandes unions qui ont des branches nombreuses, chaque loge, en principe, a son administration et ses finances à part. Les décisions importantes, telles que prononcé ou clôture d'une grève, sont prises par un comité central formé des délégués des branches. L'organisation, du reste, varie avec les sociétés.

Dans quel sens s'est exercée leur influence? M. Paul Leroy-Beaulieu les condamne dans *la Question ouvrière au XIX* siècle* [1].

Voici l'avis du *Times*, cité dans *L'Économiste français* du 27 septembre 1884 :

Les Trade's Unions se sont fait une place dans l'organisation sociale du pays. Il se peut bien que ces sociétés n'aient pas toujours été sages dans leurs visées, ni circonspectes dans leur manière de poursuivre leurs intérêts; mais, à cette heure, personne ne leur dénie le droit d'agir suivant leurs lumières dans les limites d'une liberté réglée et tolérante... Les Trade's Unions sont devenues les organes constitués des classes ouvrières; elles parlent au nom de ces classes, et leur voix a d'autant plus d'autorité qu'elle est affranchie du joug politique. Il y a, en effet, des unionistes très conservateurs, tandis que d'autres sont très libéraux...

Depuis quelques années, il se produit dans les unions de métiers un changement profond qui modifie leur physionomie. Elles cessent d'être sociétés de combat pour devenir sociétés de secours. Il en résulte que lorsqu'une Union, ayant malades, pensionnés, veuves et orphelins à sa charge, se met en grève, ce ne peut jamais être sans les plus graves motifs.

En résumé, l'Angleterre, avec son génie social très différent du nôtre, a plus d'un demi-siècle d'avance sur nous dans *certaines formes* du progrès social, je dis : certaines. Elle nous offre aussi l'exemple d'une société organisée sur des bases plus larges au profit de certains travailleurs : leur production et leur prospérité n'en

[1] Voir l'ouvrage du comte de Paris : *les Associations ouvrières en Angleterre*, 1869-1873.

souffrent pas, bien au contraire, et les conditions du travail y gagnent singulièrement.

ALLEMAGNE.

La *Gewerbe Ordnung*, publiée sous sa forme dernière le 1er juillet 1883, est la base de la législation du travail en Allemagne. Aux termes de ce code, tout habitant de l'un des États dont se compose l'Empire peut exercer librement n'importe quel métier ou profession sans être tenu de subir aucun examen, de faire aucun apprentissage. Jusqu'alors l'entrée dans une corporation était facultative; mais une loi de 1884 l'a rendue, en quelque sorte, obligatoire, en décidant que «les patrons qui n'appartiennent pas à une corporation ne pourront plus avoir d'apprentis».

Un titre spécial du code industriel allemand est consacré aux corporations industrielles : *Innungen von Gewerbetreibenden.*

Depuis 1886, le Conseil fédéral a le droit d'accorder aux corporations la qualité de personnes civiles.

Toutefois, leur action ne s'exerce que sous le contrôle du pouvoir administratif et des autorités municipales. Celles-ci sont investies d'un droit général de surveillance, notamment en ce qui concerne les contestations au sujet de la réception et de l'exclusion des membres (à la suite de la perte des droits civils), l'élection du conseil d'administration, les droits et les devoirs de ce dernier. C'est en présence des autorités municipales que doivent avoir lieu les assemblées tenues par les corporations et ayant pour objet la modification de leurs statuts ou leur dissolution. C'est seulement sous leur sanction que deviennent exécutoires les délibérations des assemblées corporatives portant acquisition, ventes d'immeubles, constitution d'hypothèque ou emprunts à plus d'une année d'échéance. Quant aux votes portant modification des statuts ou dissolution de la corporation, ils ne sont définitifs que sous réserve de l'approbation de l'autorité administrative supérieure, etc.

Une loi votée en 1881 a réglementé l'organisation et le fonctionnement des unions corporatives nouvelles (*Neue Innungen*), c'est-à-dire de celles qui viendraient à se former désormais. D'après cette loi, ceux qui exercent à titre indépendant un métier peuvent se constituer en union corporative (*Innung*) pour la défense de leurs intérêts professionnels communs.

La mission de ces nouvelles unions est de développer l'esprit de corps, ainsi que de maintenir et de fortifier l'honneur professionnel parmi leurs membres; de favoriser l'établissement de relations cordiales entre maîtres et compagnons; d'assurer à ceux-ci une hospitalité convenable et de s'occuper de leur placement; de pourvoir à l'organisation de l'apprentissage; enfin, de régler par la voie de l'arbitrage les contestations entre leurs membres et les apprentis. Ces corporations peuvent s'occuper encore d'autres objets dans l'intérêt commun de leurs membres, et notamment de la création d'écoles professionnelles, de la formation d'exploitations en commun, de l'établissement de caisses de secours et de retraites, etc.

En Allemagne, les conditions du travail sont réglées librement entre les patrons et les ouvriers; les grèves et coalitions sont licites, sauf dans le cas où les grévistes usent de violences ou menaces. Il est interdit aux patrons de faire à leurs ouvriers aucune vente à crédit.

Dans certains États allemands, la législation rend obligatoire la constitution d'associations de prévoyance ayant pour objet d'allouer des pensions et de procurer assistance aux associés et à leurs familles.

Une loi récente du 1er mai 1889, votée par le Parlement allemand, renouvelle la législation relative aux associations formées en vue de favoriser certaines industries. Ces sociétés seront anonymes et à responsabilité limitée ou illimitée. Mais cette loi n'entre en vigueur que le 1er octobre prochain, et l'on ne peut encore prévoir ses effets.

ITALIE.

En Italie, l'industrie a pour caractères distinctifs de s'exercer fréquemment à domicile et d'employer un grand nombre de femmes et d'enfants. L'ouvrier des provinces méridionales de l'Italie est un des plus mal payés et des plus misérables du monde entier, tandis que, dans la vallée du Pô, la beauté du climat, le bon marché des denrées, la frugalité naturelle à la race, permettent aux ouvriers de vivre heureux avec des ressources limitées.

Dans la haute Italie, l'esprit d'association est très développé, et les sociétés de secours mutuels abondent en Piémont, en Lombardie, en Toscane.

L'une de leurs créations les plus heureuses est l'institution des *Banques d'honneur*, qui font aux associés des prêts modiques, dont le taux varie de 1 à 2 francs jusqu'à 300 francs au maximum, et qui sont remboursés par petits acomptes. Il paraît que ces prêts, qui remplacent, pour le sociétaire, le recours au Mont-de-piété, sont ponctuellement remboursés.

Cela m'amène à vous dire quelques mots des associations coopératives créées dans ce pays par M. Luzzatti, dès 1864, sous le nom de *Banques populaires*. Le principe sur lequel reposent ces banques est la mutualité : les clients sont les actionnaires. Leurs opérations consistent en prêts à découvert jusqu'à concurrence du double du montant des actions possédées par l'emprunteur, qui doit toujours être un actionnaire. Les actions dépassent rarement une valeur nominale de 25 à 50 francs.

Au 1ᵉʳ janvier 1888, les banques populaires étaient au nombre de 640. En 1886, les opérations d'avances, de prêts, d'escompte, au nombre de 1,953,000, avaient atteint la somme de 1,245,746,000 francs.

Les associations coopératives ont aussi, dans ce pays, une importance qu'il convient de noter : elles seraient, d'après le même document, au nombre d'un millier, dont 405 de consommation, 176 industrielles, 63 de construction, etc.

SUISSE.

En Suisse, les associations ouvrières ont reçu un développement prodigieux. Dans presque tous les cantons il existe des sociétés, dites « d'utilité publique », qui dirigent ou subventionnent des institutions charitables, encouragent les entreprises industrielles, développent l'instruction, etc.

Une des plus célèbres est la Société dite « du Grütli », fondée en 1838, et qui a pour but l'éducation du peuple et l'indépendance du peuple. Elle a ouvert pour ses membres des cours de français, d'écriture, de dessin, de chant, de tenue de livres, etc., fondé des caisses de secours et d'épargne, des cantines.

Ces diverses associations poursuivent en général l'amélioration de la situation matérielle et morale des ouvriers suisses. D'autres, fort nombreuses, se consacrent à une œuvre particulière : l'éducation des orphelins, la garde des enfants, le placement des ouvriers sans travail, etc.

Les sociétés de consommation sont au nombre de 155.

Certaines associations ont pour but de faciliter aux ouvriers l'écoulement des articles qu'ils ont fabriqués et même de leur faire quelques avances. Ce sont les *gewerbe-hallen* ou bazars, où l'ouvrier a la faculté de déposer l'article fabriqué par lui et dont il ne peut se défaire : on lui donne une avance représentant une portion de la valeur de cet article.

BELGIQUE [1].

Les associations et institutions ouvrières sont très nombreuses en Belgique. Elles ont été fondées : les unes par le gouvernement ou par l'initiative privée avec son intervention ; les autres sous le

---

[1] Consulter : *La Législation du travail en Belgique*, étude annexée à un travail de M. de Ramaix, intitulé : *La Réforme sociale et économique en Europe*, Bruxelles, 1889.

patronage des chefs d'industrie. Je citerai : la *Caisse générale d'épargne*, constituée en 1865 sous la garantie de l'État; la *Caisse générale des retraites*, fondée en 1868. Les caisses de prévoyance pour les ouvriers mineurs sont aussi très nombreuses.

Les associations coopératives belges remontent à une trentaine d'années. Des banques populaires, actuellement au nombre de dix-sept, procurent à leurs membres, par leur crédit collectif, les capitaux dont ils ont besoin pour leurs affaires industrielles, commerciales et domestiques. Le capital social de ces banques est formé de parts de 200 francs, qui peuvent être acquittées par versements mensuels très minimes de 1 franc ou même de 0 fr. 50; il atteint 2 millions. Comme dans les banques populaires fondées en Italie par M. Luzzatti, les membres des banques belges ne sont responsables personnellement que jusqu'à concurrence de leur apport.

La Belgique est un des pays où l'*Internationale* a acquis le plus de puissance. Cette association n'y compte pas moins de huit centres d'action ou fédérations, et elle y travaille, avec autant d'activité que de succès, à susciter des conflits entre patrons et ouvriers, surtout dans les centres producteurs de la houille. Quelle que soit d'ailleurs l'action qu'elle exerce sur les rapports du travail avec le capital, on ne sait rien de positif sur son organisation dans ce pays, sur le nombre de ses adhérents ni sur les véritables chefs qui les dirigent.

Le gouvernement a institué, en 1886, une grande commission ayant pour objet de s'enquérir de la situation du travail industriel dans le royaume, et d'étudier les mesures qui pourraient l'améliorer. Parmi ces mesures, je citerai une loi de 1887, qui a organisé en Belgique des conseils de l'industrie et du travail dans les localités où l'utilité en a été constatée. On a abandonné l'idée mise en avant des Bourses de travail et on l'a remplacée par ces conseils, dont le principal objet est d'aplanir les différends entre patrons et ouvriers.

SUÈDE.

L'ouvrier suédois a l'esprit d'association très développé. Non seulement il a créé depuis longtemps, dans toutes les grandes villes, des sociétés de secours mutuels pour les cas de maladie ou de mort, mais il a encore, dans ces dernières années, fondé des *unions de métiers* et des associations coopératives. Les sociétés de production réussissent très bien en Suède. Ce fait s'explique par l'esprit d'indépendance de l'ouvrier suédois, toujours disposé à risquer ses économies pour échanger sa situation de subordonné contre la position moins subalterne de coentrepreneur.

Des associations coopératives de consommation se sont constituées au moyen d'émissions d'actions.

Les associations ayant pour objet le progrès intellectuel et moral de leurs membres sont nombreuses et prospères.

AUTRICHE.

En *Autriche*, les corporations avaient été abolies par la loi du 20 décembre 1859. La loi du 15 mai 1883 les rétablit pour les métiers de petite industrie, en même temps qu'elle exige comme condition de l'exercice de ces métiers un certificat d'apprentissage et de capacité. La corporation est obligatoire pour les patrons, qui seuls en sont membres, tandis que les ouvriers sont de simples « adhérents ». Elle est gouvernée par un conseil et une assemblée de patrons. Quant à l'assemblée des ouvriers, elle n'a que des attributions très restreintes et rigoureusement limitées. Enfin, c'est l'autorité qui arrête le périmètre des corporations, qui, au besoin, les établit d'office, approuve leurs statuts, institue des commissaires spéciaux pour les surveiller, etc. En somme, cette loi de 1883 ne fait que consacrer l'inégalité entre patrons et ouvriers en conférant aux premiers des privilèges exorbitants et en laissant les seconds dépourvus de tout moyen de résistance. On sait d'ailleurs qu'en Autriche les ouvriers ne jouissent d'aucun droit politique. En outre, la petite industrie, qui se prête particulièrement à l'organisation corporative, a conservé dans cet empire une grande importance.

Le terrain semblait donc favorablement préparé. Malgré cela, les premiers résultats de l'expérience ne sont rien moins qu'encourageants.

Pour assurer le fonctionnement de la loi du 15 mars 1883, une loi du 17 juin 1884 a institué un corps d'inspecteurs d'industrie, investis de pouvoirs très étendus. Une autre loi du 8 mars 1885 limite, dans la grande industrie, le nombre des heures de travail et contient plusieurs autres dispositions destinées à protéger soit la petite industrie contre les empiètements de la grande, soit les ouvriers contre les exigences des patrons.

Mais, même en présence d'une telle réglementation, l'esprit d'association est très développé en Autriche. Ainsi que le fait remarquer M. Lavollée dans son bel ouvrage sur les classes ouvrières en Europe, l'essor des associations ouvrières dans ce pays a coïncidé avec l'introduction du régime parlementaire. Les associations ouvrières y ont une organisation et des tendances variables selon la race de ceux qui les composent.

PAYS-BAS.

Au contraire de l'Autriche, les Pays-Bas se font remarquer, du moins jusqu'à présent, par l'absence de toute intervention législative dans les questions qui intéressent la classe ouvrière. Les engagements d'ouvriers, par exemple, se font en toute liberté, sans limitation quelconque.

Cette non-intervention de l'État s'explique par deux causes. La Hollande n'étant pas un pays de grande industrie, la question sociale y a moins d'acuité que partout ailleurs; d'autre part, le nombre des institutions fondées par les patrons pour améliorer le bien-être physique et moral de leurs ouvriers y est très grand.

Bien que l'Internationale ait des ramifications dans le pays, les grèves y sont assez rares, et cependant dans ces dernières années une hausse générale des salaires s'est réalisée.

Il n'y a pas en Hollande d'unions de métiers. Les seules associations ouvrières connues sont des cercles d'ouvriers qui ont pour objet unique de créer, dans chaque corps de métier, un fonds de secours. La loi permet à ces associations de discuter librement toutes les questions qui se rattachent aux rapports des ouvriers avec les patrons; mais elle interdit absolument toute manifestation hostile, tout acte de pression ou d'intimidation.

RUSSIE [1].

Nous retrouvons en Russie le régime des corporations obligatoires.

Sauf quelques exceptions peu nombreuses, tout Russe exerçant un métier ou une profession doit se faire inscrire sur la liste d'une corporation. L'objet de ces corporations est défini par la loi; leurs membres peuvent soit exercer personnellement un travail manuel comme petits patrons, soit embaucher des ouvriers et tirer profit de leur travail, soit louer leur main-d'œuvre à des fabriques ou usines, soit louer à la fois leurs bras et leurs instruments de travail, soit entreprendre des travaux à forfait. La corporation, considérée comme personne morale, peut entreprendre collectivement les mêmes opérations.

Dans toute ville où existe une corporation, il est interdit à quiconque n'a pas fait d'apprentissage et ne possède pas de certificats

[1] Consulter : *Les Artèles et le mouvement coopératif en Russie*, conférence de M. W. Longuinine au cercle Saint-Simon, 1886, et *Institutions pour l'amélioration de la condition des classes ouvrières en Russie*, mémoires présentés au Congrès d'hygiène de Bruxelles.

réguliers de s'intituler maître de métier, d'avoir des compagnons ou apprentis et de mettre une enseigne.

Dans les fabriques, compagnons et apprentis sont directement placés sous l'autorité commune du patron. Tout individu de condition taillable, c'est-à-dire n'appartenant pas aux classes privilégiées, et ayant reçu un passeport et un permis régulier, est autorisé à se louer pour les travaux de fabrique. Il ne peut quitter celle-ci avant l'expiration du terme convenu sans l'assentiment de son patron. Il ne peut exiger aucune augmentation. Les patrons ne peuvent, de leur côté, ni réduire arbitrairement la paye de leurs ouvriers avant l'expiration des contrats, ni les obliger à accepter un payement en nature.

En dehors de ces cadres officiels, l'initiative individuelle et l'esprit d'association ont créé de toutes parts, jusque dans les rangs des plus infimes travailleurs, des sociétés ouvrières ou *artèles* qui sont nombreuses et florissantes. Les sociétés de crédit mutuel ou banques populaires ont fait dans le pays de rapides progrès.

CHINE.

Je veux aussi vous parler de l'organisation du travail en Chine. Ne souriez pas ! La Chine est, par excellence, le pays du travail. On y lit dans les édifices publics des maximes comme celle-ci : « Si un homme vit dans l'oisiveté, un autre homme meurt de faim ». En Chine, tout le monde sait plusieurs métiers : quand l'un ne va pas, on se reporte sur un autre. Dans ce pays essentiellement agricole, l'industrie est rarement séparée de l'agriculture. Le cultivateur transforme lui-même ses cannes à sucre, son chanvre, ses cocons de vers à soie.

Le travail se fait généralement aux pièces ou à l'entreprise, et il y a bien plus d'individus travaillant pour leur compte ou associés aux bénéfices que de salariés.

Les patrons et les ouvriers forment des corporations séparées, où toutes les contestations sont réglées par arbitrage, et qui assistent leurs membres dans le besoin. Ces corporations ont des coutumes qui rappellent celles des corporations de notre ancienne France. Ainsi, elles sont placées chacune sous le patronage d'une divinité. L'apprenti passe compagnon après un stage de trois ans et n'est reçu maître qu'après avoir exécuté un chef-d'œuvre.

Enfin, un genre d'association très fréquent en Chine permet à tout travailleur de bonne volonté d'obtenir le crédit et les avances qui lui sont nécessaires. C'est une organisation très curieuse à étudier, et je ne puis mieux faire que de vous renvoyer dans ce but à l'excellent ouvrage d'un de nos anciens consuls en Chine, M. Simon, qui abonde en renseignements sur la famille, le travail, le gouvernement et les mœurs des Chinois [1].

ÉTATS-UNIS.

Cet exposé ne serait pas complet si je ne disais au moins quelques mots des États-Unis. Sur cette terre de liberté, qui compte déjà plus de 6o millions d'habitants, où le nombre des ouvriers agricoles et industriels représente 6o p. 1oo de la population qui travaille et où plus d'un président de la République est sorti de la classe ouvrière — Lincoln avait été fendeur d'échalas — les associations sont nombreuses et puissantes. Elles peuvent s'organiser sans frais et sans autorisation préalable; elles jouissent de la personnalité civile. Les plus importantes sont formées par les ouvriers et employés des chemins de fer, qui sont, aux États-Unis, au nombre de 42o,ooo environ. Telles sont : la Fraternité des chauffeurs, la Fraternité des machinistes, la Fraternité des serre-freins, etc.

Mais la plus puissante et aussi la plus remarquable de ces associations est celle des Chevaliers du travail (*Knights of labor*).

[1] G.-Eug. Simon : *la Cité chinoise*, 1 vol., aux bureaux de la *Nouvelle Revue*.

Fondé en 1869, par Uriah Stevens, cet ordre ne fut réellement organisé qu'en janvier 1878. Mais à ce moment il ne comprenait encore que quelques milliers de membres. Son fondateur, aujourd'hui décédé, ayant donné sa démission en 1879, fut remplacé par M. Powderly, encore actuellement grand maître de l'ordre, qui, en mars 1886, comptait 3 millions d'adhérents.

Leur organisation est curieuse à connaître.

A la base sont les assemblées locales, composées de dix membres au moins, dont trois quarts doivent être des ouvriers à gages ou des cultivateurs. Ne peuvent faire partie de l'ordre les marchands ou détaillants de liqueurs fortes, ni les avocats, banquiers ou agents de change.

L'objet de l'assemblée locale, que les statuts prennent soin de distinguer des « trade's unions » ou corps de métier, est *d'assister ses membres dans leurs efforts pour améliorer leur condition moralement, socialement et au point de vue de l'aisance que procure l'épargne.*

C'est pour ainsi dire une société en commandite, où tous les membres doivent mettre une part égale de temps et d'argent en vue de « faire avancer la cause de l'humanité et d'alléger le fardeau d'un travail écrasant. »

Les délégués de cinq assemblées locales, au moins, forment l'assemblée de district. Dans chacun des États ou territoires, il peut être établi une assemblée d'État, dès que dix assemblées locales au moins auront été fondées.

Les assemblées d'État et de district envoient des représentants, en nombre proportionné à leur importance, à une assemblée générale qui tient des sessions régulières. Les assemblées locales ont leurs maître, maître adjoint, secrétaire et trésorier. Le chef de tous les Chevaliers du travail se nomme maître ouvrier général (general master workman).

Cette organisation générale connue dans ses grandes lignes, il importe de retracer le but que poursuivent les Chevaliers du travail. Leur constitution récemment revisée est à cet égard des plus explicites.

Voici comment elle débute :

« Le développement alarmant et le caractère agressif du pouvoir entre les mains des grands capitalistes et des corporations, sous le système industriel de notre époque, vont inévitablement — et sans aucune espérance de retour à des temps meilleurs — conduire la masse des travailleurs à la pauvreté et à la dégradation.

« Il devient d'une impérieuse nécessité, si nous désirons jouir des biens de cette vie, d'empêcher cette injuste accumulation et ce pouvoir pour mal faire de richesses concentrées en quelques mains.

« Cet objet tant désiré ne peut être accompli que par les efforts combinés de ceux qui suivent le commandement divin : « Par la « sueur de ton visage, tu mangeras ton pain ».

« Avec cet objet en vue, nous avons formé l'ordre des *Knights of labor* dans le but d'organiser et de diriger le pouvoir des masses industrielles. Ce n'est pas un parti politique, c'est plus que cela, car en lui se concentrent les aspirations et les mesures nécessaires au bien-être du peuple entier. »

Ces préliminaires posés, les Chevaliers du travail demandent à l'État :

L'établissement d'un bureau de statistique du travail, afin d'arriver à un aperçu correct de l'éducation et de la condition morale et matérielle des masses ouvrières;

La réserve, en faveur des occupants ou colons actuels, des terres publiques qui sont l'héritage du peuple. Pas un arpent de terre pour les chemins de fer ou autres spéculateurs ou bien les landlords étrangers;

L'abrogation de toutes les lois qui ne portent pas également sur le capital et le travail;

L'adoption de mesures ayant pour objet de pourvoir à la santé et à la sûreté des ouvriers employés dans les manufactures, les mines et les in-

dustries du bâtiment; aussi leur assurant une juste indemnité en cas d'accidents qui seraient dus à l'absence des sauvegardes nécessaires;

La reconnaissance par voie d'incorporation de tous ordres et autres associations organisés par les classes ouvrières pour améliorer leur condition et protéger leurs droits;

Le vote de lois ayant pour objet de forcer les corporations de payer leurs employés chaque semaine en monnaie légale, argent comptant, pour tout le travail de la semaine précédente, et de garantir aux ouvriers et journaliers le premier gage ou hypothèque sur le produit de leur travail pour le montant entier de leurs salaires;

L'abolition de tout système de contrat à forfait pour les travaux nationaux, provinciaux ou communaux;

Le vote de lois établissant un système d'arbitrage entre patrons et employés, et donnant force de loi aux décisions des arbitres;

La défense d'employer les enfants au-dessous de quinze ans dans les boutiques, mines et manufactures de toutes sortes;

La défense également de louer le travail des prisonniers à des particuliers pour leurs usines;

L'établissement d'un impôt gradué et progressif sur les revenus;

Ils demandent enfin au gouvernement fédéral :

La suppression des banques nationales et le cours forcé d'un papier national; ils réclament la défense de l'importation du travail étranger par contrat, le rachat par le gouvernement des chemins de fer, télégraphes et téléphones.

Ils terminent en disant :

Nous tâcherons de joindre nos propres efforts, à l'effet :
De fonder des établissements de coopération de telle sorte que le système actuel de gages soit remplacé par un système industriel de salaires coopératifs;
D'assurer aux deux sexes la même paye pour le même travail;
D'obtenir la réduction graduelle des heures de travail à huit heures

par jour, afin de jouir en quelque sorte des bienfaits de l'adoption de machines pour remplacer la main-d'œuvre;

De persuader les patrons de s'en remettre à l'arbitrage pour la solution de toutes les difficultés qui peuvent surgir entre eux et leurs employés, de sorte que les rapports sympathiques entre eux soient raffermis et les grèves rendues inutiles.

L'Association a son budget, qui dépasse en recettes 225,000 dollars (près de 1,200,000 francs) et un organe spécial : *The Journal of united labor.*

La politique est soigneusement exclue de l'Association. M. Powderly disait un jour : *Nous avons une manière de traiter ceux qui, comme quelques-uns l'ont fait, entrent dans nos rangs dans un but politique : nous les expulsons.* Les opinions religieuses sont également laissées à l'écart.

Les statuts ne sont pas moins hostiles aux grèves qu'à la politique. Ils ont organisé, en vue des grèves, un fonds d'assistance alimenté par une cotisation de 0 fr. 25 par mois et par tête; mais ils déclarent en même temps que « les grèves sont déplorables dans leurs effets et contraires aux meilleurs intérêts de l'ordre ».

Ailleurs, il est dit :

Aucune grève ne pourra être commencée sans le consentement du Comité exécutif du district... sous peine, pour les grévistes, d'être privés des secours du fonds d'assistance.

Dans un rapport sur les grèves que vient de publier le commissaire des questions sociales aux États-Unis, pour la période 1881-1886, les quatre cinquièmes des grèves sont attribuées à l'influence des Chevaliers du travail; mais ceux-ci, dans un volume de plus de 600 pages, qui est exposé à la section d'économie sociale, et qui résume les discussions d'une assemblée générale tenue en 1887, se défendent énergiquement d'avoir pris aucune part dans les grandes grèves de 1886.

A côté de cette vaste association grandit celle de la *Fédération américaine*, qui comprend plus de 3,000 trade's unions et compte environ 650,000 membres. Elle est organisée sur la base de l'indépendance respective des associations individuelles, chacune d'elles dirigeant ses propres affaires, la fédération n'intervenant que dans les questions générales qui les intéressent toutes et dans lesquelles une action d'ensemble est nécessaire.

En résumé, les associations du travail en Amérique sont nombreuses et considérables; si aucune d'elles peut-être ne saurait nous servir de modèle, elles comportent toutefois de grands et utiles enseignements dont nous devons profiter.

La liberté du travail, aux États-Unis comme en Angleterre, a une conséquence assez inattendue, celle d'arrêter le travail à de certains moments. L'habitude de chômer le dimanche est poussée à l'extrême, au point que tous les magasins sont fermés, que les voyageurs ne peuvent se faire servir, que la circulation des trains est interrompue ou très amoindrie. Ce repos du dimanche est sanctionné par la loi, mais il est surtout imposé par les mœurs.

Ce n'est pas tout. Aux États-Unis, en entrant au service de quelqu'un, un domestique stipule qu'il sera libre tel jour de la semaine ou du mois, ou à telle heure du jour, et cette clause est fidèlement observée de part et d'autre. Est-ce à cet usage qu'il faut attribuer la meilleure éducation, l'instruction même dont font preuve parfois les domestiques aux États-Unis? Je me borne à poser la question.

Cette rapide revue des associations ouvrières à l'étranger achevée, revenons à la France.

Une loi du 21 mars 1884 y a permis l'association, sans autorisation du gouvernement, des personnes exerçant la même profession, des métiers similaires ou des professions connexes. Ces syndicats professionnels peuvent librement se concerter pour l'étude de leurs intérêts, ester en justice, faire emploi des cotisations, constituer des caisses spéciales de secours mutuels et de retraites, créer des offices de renseignements pour les offres et les demandes de travail.

Quelles ont été les conséquences de cette loi sur le mouvement corporatif? Une statistique publiée tout récemment par le Ministère du commerce [1] ne nous donne à cet égard que de brefs renseignements. Avant 1884, on connaissait officiellement l'existence de 530 chambres syndicales.

On sait qu'il existe aujourd'hui, en France et en Algérie, 2,322 syndicats professionnels, soit 557 syndicats agricoles et 1,765 syndicats industriels ou commerciaux.

Ce dernier chiffre se décompose en 877 syndicats patronaux, 819 syndicats ouvriers et 69 syndicats mixtes. Dans le seul département de la Seine, on compte 393 syndicats : 240 de patrons, 136 d'ouvriers, 10 syndicats mixtes et 7 syndicats agricoles. Ces chiffres datent d'hier, je n'aurais pas pu les donner il y a huit jours.

Combien de membres comprennent ces différentes associations professionnelles?

Ce renseignement très utile n'est pas donné. Il est malheureusement trop certain qu'il s'est fondé un grand nombre de syndicats en dehors des prescriptions de la loi. Ces groupes corporatifs jouissent, en fait, grâce à une tolérance abusive de la part de l'Administration, des mêmes avantages et privilèges que les syndicats légalement constitués.

Nous espérions trouver dans l'exposition de la section d'Économie sociale, à l'Esplanade des Invalides, des renseignements assez abondants pour pouvoir nous rendre compte du mouvement corporatif et des moyens employés par les ouvriers de notre pays pour la défense de leurs intérêts. Notre espoir a été déçu. Cependant quelques comités départementaux, notamment ceux de la Gironde, du Rhône et du Nord, ont consigné dans d'intéressants rapports

---

[1] *Annuaire des syndicats professionnels*, chez Berger-Levrault.

les résultats de leurs enquêtes sur l'organisation du travail dans les régions qu'ils représentent.

D'instructifs développements figurent dans l'introduction rédigée par M. Aymard, vice-président de la chambre de commerce de Lyon. Dans cette ville d'industrie, on compte à l'heure actuelle 48 syndicats de patrons, 80 syndicats d'ouvriers et 10 syndicats mixtes.

A Bordeaux, ville plutôt commerçante, il y a 79 syndicats, dont 31 patronaux, 47 ouvriers et 1 mixte.

On voit par ces quelques chiffres que le mouvement corporatif créé par la loi de 1884, déjà important, sera facile à développer.

Quand l'expérience sera venue aux ouvriers — et la pratique de l'association et de la liberté la leur donnera rapidement — il faudra encore les aider à trouver des capitaux.

La ville de Paris [1] et l'État [2] ont déjà fait quelque chose en leur faveur en admettant largement les associations à l'exécution des travaux entrepris pour leur compte et en les dispensant du cautionnement.

L'État doit faire plus encore.

Ce n'est pas que je sois un adepte du socialisme d'État, ni grand admirateur de la tutelle administrative, mais je pense que, dans notre organisation sociale actuelle, de même que l'État intervient dans l'instruction de tous les citoyens, de même il y a de nombreux et pressants motifs de rendre la protection légale plus efficace en fait, en matière industrielle. Cette intervention relative et provisoire de l'État est un moyen qui ne voile pas l'objectif vers lequel nous marchons : la liberté.

Dans cet ordre d'idées, tout effort, même divergent, qui nous rapproche du but, doit être approuvé et encouragé. C'est ainsi que j'envisage l'institution de la Bourse du Travail, excellente en soi

[1] Délibération du Conseil municipal du 26 juillet 1882.

[2] Décret du 4 juin 1888.

comme réunissant, centralisant en quelque sorte les corporations ouvrières, mais qui, déviée de son but, et trop souvent orientée vers la politique, n'a pas donné les résultats qu'on était en droit d'en attendre [1].

L'organisation des Chevaliers du travail, que je n'ai pu qu'esquisser à grands traits, est, de toutes les formes d'association, celle qui s'adapterait peut-être le mieux au génie français, comme impliquant le moins cette spécialisation à laquelle notre race est réfractaire.

Les dangers que cet ordre puissant n'a pas su éviter pourraient l'être dans un pays comme le nôtre, où le gouvernement est plus puissamment organisé.

Les statuts des Chevaliers du travail sont remplis d'aspirations élevées et d'idées justes. Je fais une exception, toutefois, en ce qui concerne la guerre déclarée au capital. C'est là une erreur économique.

La solution de la question sociale est dans le rapprochement du salaire et du capital, de l'ouvrier et du patron.

J'ai tenté de jeter les bases de ce rapprochement nécessaire à la prospérité nationale, en saisissant la Chambre, il y a plusieurs années, d'une pétition à laquelle avaient adhéré plusieurs de mes collègues du Conseil municipal, et qui tendait à la création de chambres du travail, et transitoirement d'un conseil supérieur du travail, assurant aux travailleurs une représentation légale et permanente, accréditée auprès des pouvoirs publics et auprès des travailleurs eux-mêmes.

Ce projet a été pris en considération; il attend, pour être adopté, que les questions d'affaires et de travail aient le pas sur les questions politiques.

---

[1] Les rapports et discussions qui ont précédé la création à Paris de la Bourse du travail sont reproduits dans un *Annuaire* publié par la commission exécutive de cet établissement, où l'on trouve aussi les conditions de son fonctionnement et quelques-uns de ses résultats.

J'ai terminé, heureux si j'ai pu, par cette causerie sur l'organisation du travail dans notre pays et à l'étranger, vous intéresser, Mesdames et Messieurs, aux questions ouvrières.

Un homme d'État anglais a dit : «Le XIXᵉ siècle sera appelé dans l'histoire le siècle des ouvriers». Je me permets d'ajouter : «L'ère de la philanthropie est passée; celle de la solidarité commence».